꽃은
고요히
피어나고

김승국 시집

꽃은 고요히 피어나고

초판 1쇄 인쇄 2023년 10월 11일
초판 1쇄 발행 2023년 10월 16일

지은이 | 김승국
펴낸이 | 이은영
표지·내지 그림 | 조풍류
책임편집 | 이진희

펴낸곳 | 사과나무미디어출판
출판등록 | 제 2011-000173호
주소 | 서울시 종로구 삼봉로81 두산위브파블리온 801호
대표전화 | 070-8244-5114
홈페이지 | www.sctoday.co.kr
이메일 | young@sctoday.co.kr
인쇄 | (주)재능인쇄
ISBN | 979-11-983180-2-2(03810)

이 책은 저작권법에 의해 보호받는 저작물입니다.
저자와 사과나무미디어출판의 서면 허락없이 내용의 일부를 인용하거나 발췌하는 것을 금합니다.
필요에 따라 책 내용의 전부 또는 일부를 사용하시려면 반드시 저작권자와 사과나무 미디어 양측의
동의를 받아야 합니다.

※ 책값은 뒤표지에 표시돼 있습니다.

정가 : 13,000원

시인의 말

 시(詩)는 모든 문학 장르에서 가장 오래된 역사를 가진 문학 양식이다. 그래서 유학 오경(五經)의 하나로서 중국 최고(最古)의 시집인 시경(詩經)에서도 시(詩)란 '마음속에 움직이는 바가 곧 뜻이 되고, 그것이 마침내 그대로 머물러 있지 못하고 절실한 언어로 다듬어져서 밖으로 나타나면 곧 시가 된다.'라고 하지 않았던가?

 얼마 전 경북매일 신문에 김규종 경북대 교수는 경북매일 신문에 '시(詩)가 죽어가는 세상에서'라는 칼럼에서 다음과 같이 탄식하고 있다. "국제통화기금 사태로 촉발된 노숙자들이 거리를 헤매던 때에도 시인들은 시를 썼고, 독자는 여전히 시를 읽었다. 그러나 똑똑한 전화기 '스마트폰'이 도래하면서 모든 것이 전복된다. 시인은 아직도 꿈처럼 추억처럼 시를 쓰지만, 시를 읽고 나직하게 암송하며 거리를 걸어가는 청춘은 완전히 소멸했다."라는 탄식의 글을 썼다.

 안타까운 현실이다. 그러나 한국시인협회장을 지낸 원로시인 김종해 선생은 그의 최초이자 마지막 산문집이라 할 수 있는 산문집의 이름을 '시(詩)가 있으므로 세상은 따스하다'라고 했다. 그의 말대로 그렇게 세상을 따스하게 감싸주는 시(詩)가 요즘은 자취를 감추어가고 있다. 참으로 안타까운 일이다. 나는 비록 '시가 죽어가는 세상'이라지만 아직도 '시가 있으므로 세상은 따스하다'라는 말처럼 시(詩)가 있는 따스하고 넉넉한 세상에 살고 싶다.

젊어서는 치열하게 써야 시(詩)인 줄 알았다. 이제는 그러고 싶지 않아서 좋고, 솔직해져서 더 좋다. 툭툭 가지치기해가며 사니 더 높은 곳으로 오르기 쉬워져 참 좋다. 이번 시집에 실린 시들은 시를 쓰려고 하지 않으면서 쓴 시이다. 한 마디로 쉽게 쓰인 시이다.

아무쪼록 이번에 펴내는 서정 시집 『꽃은 고요히 피어나고』가 메마른 시대를 살아가는 독자들에게 위로와 치유의 시집이 되길 소망해본다. 이 시집을 펴낼 수 있도록 기꺼이 파트너가 되어준 조풍류 한국화가, 해설을 맡아준 김태균 비평가, 그리고 출판을 쾌히 허락해준 '사과나무미디어 출판' 이은영 대표께 깊은 감사의 마음을 전한다.

2023년 10월

신내동에서

제1부

고요한 마음으로 ………………………… 11

계시(啓示) ……………………………… 12

귀향 ……………………………………… 14

그래서 사랑은 …………………………… 15

그리운 그대 ……………………………… 16

길 ………………………………………… 17

꽃 ………………………………………… 18

꽃은 고요히 피어나고 …………………… 19

꽃은 져도 ………………………………… 20

나무 ……………………………………… 21

나무 2 …………………………………… 26

난을 바라보며 …………………………… 27

내가 나에게 ……………………………… 28

네가 이해해라 …………………………… 31

무심(無心) ……………………………… 32

바람꽃 …………………………………… 33

바람이나 마음이나 ……………………… 35

방하착(放下著) ………………………… 36

쉽게 쓰여진 시 …………………………… 37

시선 ……………………………………… 38

그런 거지 ………………………………… 39

오늘 ……………………………………… 40

이면(裏面) ……………………………… 41

자유와 행복 ……………………………… 42

제자리 ………………………………………… 43

집착 …………………………………………… 44

처음처럼 ……………………………………… 45

카르페디엠 …………………………………… 46

텃밭에서 ……………………………………… 47

행복 …………………………………………… 48

제 2 부

강 ……………………………………………… 51

그 길 ………………………………………… 53

그렇게 살면 되지 …………………………… 54

꿈 ……………………………………………… 56

내 마음의 수채화 …………………………… 57

내가 나를 속이고 있다 ……………………… 58

다시 만나리 ………………………………… 59

더 자도 꿈, 덜 자도 꿈 …………………… 60

백제금동대향로(百濟金銅大香爐) ………… 61

세월 ………………………………………… 64

시(詩) ………………………………………… 65

시인과 컴퓨터 ……………………………… 66

아침 꽃 ……………………………………… 67

어느 사진작가의 유작 ……………………… 68

우리는 어떠한 꽃을 피우며 살아가는 것일까 ………… 69

죽음 ………………………………………… 71

'챗GPT', 너에게 묻는다 ················ 72
혼자라도 ················ 73

제 3 부

가시 ················ 77
거울 앞에서 ················ 78
결국은 ················ 79
과거는 흘러갔다 ················ 80
그릇 ················ 81
길상사(吉祥寺)에서 ················ 82
나는 언제 죽을까 ················ 84
마음 편히 살고 싶다면 ················ 85
봄바람 ················ 86
부산함 ················ 87
사람만 특별한 존재일까 ················ 88
세금 ················ 90
소금(鹽) ················ 91
실연(失戀)당한 그대에게 ················ 92
아라비아 숫자 ················ 93
이 화상아 ················ 94
자식 ················ 95
정신과 육체 ················ 96
태양 ················ 97
텃밭에서 ················ 99

동백꽃은 바람에 날려 ········· 100
라오스의 춤, 란넵 ········· 102
장맛비는 쉼 없이 내리고 ········· 104

해설 ········· 107

제 1 부

고요한 마음으로

꽃이 피어 있다.
나를 좋아해 주기를 바라는 마음조차 없기에
바라보는 나는 고요하다.

꽃을 바라보듯
그대를 본다.

저기 숨죽이며 서 있는 꽃.

계시(啓示)

계시란
사람의 지혜로는 알 수 없는 진리를
신(神)이 가르쳐 알게 하는 것이라지.

계시는 간절한 기도에 대한 응답으로 온다고 하지만
내게는 아주 오래전부터
이미 와 있었다.

봄, 여름, 가을, 겨울
그리고 다시 봄으로 돌아가는
계절의 모습으로

새벽, 아침, 한낮, 저녁, 밤
다시 새벽이 오는
시간의 모습으로

흐림, 맑음, 눈, 비, 폭풍, 개임
다시 흐림으로 변화하는
하늘의 몸짓으로

나뭇가지 위에도
흘러가는 강물 위에도
밀려왔다 돌아가는 파도 위에도
계시(啓示)는
벌써 와 있었다.

신의 계시는
신성한 산정(山頂) 위에 머무는 것이 아니라

오래전부터
내 곁에 와 있었다.

귀향

객지의 고단한 삶을 접고
어머님의 따뜻한 숨결이 머무는
고향으로 되돌아간다는 것은
가슴 설렐 일이다.

인생이란 낯선 객지 길을 걸어가는 것.
객지 길이라고 쓰라린 일만 있겠냐마는
그래도 험난하고 고달퍼라.

쉼 없이 몰아쉬었던 숨을 거두는 것
왔던 곳으로 돌아가는 것
바람 따라 떠돌다 하늘로 돌아가는 것

숨을 거두셨다.
돌아가셨다.
소천하셨다, 이 말

가슴 떨리는
귀향의 이름

그래서 사랑은

돌이켜 보면
사랑하는 사람과 함께 바라보던 노을이
제일 아름다웠다.

돌이켜보면
사랑하는 사람이 내 곁을 지켜주고 있었을 때
내가 제일 빛났다.

그래서 사랑은 할 만한 거다.

그리운 그대

아직 가시지 않았나요.
어젯밤 꿈에 보이시더군요.

어여 가셔서 쉬고 계세요.
금방 따라갈게요.

길

바람결에 흔들리는 나무를 바라보면
잎사귀의 흔들리는 소리를 듣다 보면
바람길이 느껴지지

그런 길 말고
오르막길, 내리막길 힘겨운 인생길에
함께 가는 길도 있지

그 무엇보다
따뜻한 길은
어릴 적 나를 토닥여 잠재우시던
어머님의 따뜻한 손길도 있지

꽃

저절로 살아가는 사람 없듯
저절로 피는 꽃은 없다.

헬 수 없는 수많은 낮과 밤,
비와 바람 속에 가지를 뻗고
어두운 땅속에
뿌리를 내리는 고통을 이겨내며
피어나는 것이
꽃일지니

귀한 사람
천한 사람 없듯
귀한 꽃
천한 꽃이 있을 수 없다.

꽃 한 송이 함부로 꺾지 마라.
그 앞에서 경건하게 무릎 꿇고
진심으로 수고했다 토닥이며
꽃 한 송이
또 한 송이
고이 모셔가라.

꽃은 고요히 피어나고

찾아와 주는 이 없어도
꽃은 고요히 피어나고
나무는 스스로 뿌리를 내려
가지를 뻗는다.

봐주는 이 없어도
밤하늘의 별은 스스로 빛나고
파도는 바람과 얼싸안고
스스로 일렁인다.

이 고요한 시간.
삼라만상은
제 자리를 지킨다.

무엇을 기다리나.
네 마음의 등불에
불을 켜고
너를 고요히 응시하라.

꽃은 져도

해마다
벚꽃은 피었다 지며 꽃길을 만들고
동백꽃은 떨어져도
땅 위에
다시 꽃을 피운다.

꽃을 보아라.
너를 향하여 무엇을 말하고 있는지.

들리지 않는 것이냐.
듣지 않으려 하는 것이냐.

나무

나는 나무다.
마을이 내려다보이는 작은 언덕에
서 있는 나무다.

내 모든 가지를 하늘 높이 올려
기지개를 켜는 아침
햇살은 어김없이 찾아와
잎새에 내려앉는다.

때로는 거센 바람이 불어와
잎새를 떨어뜨리기도 하지만
살랑거리며 다가온 바람은
나의 잎새를 흔들며 빛나게 하기도 한다.

가끔 이름 모를 작은 새가
날아와 앉아
실컷 수다를 떨다 가기도 한다.
다음 날 그가 또 찾아올 때도 있지만
다른 작은 새가 찾아오기도 한다.

그런 일은 내게 너무도 익숙한 일.
나는 안다.
새가 오고 떠남은
내 마음대로 되는 것이 아님을

그래도 좋다.
나를 찾아와 와 주는 작은 새가 있다는 것만으로도
행복하니까.

때론
아침 햇살이 찾아오지 않는 날도 있다.
또 어느 날은
먹구름이 끼고 비바람이 불어
나를 온종일 귀찮게 하는 날도 있다.

어떤 날은
내 가지를 부러뜨릴 정도로
비바람이 심하게 몰아칠 때도 있다.
그러나 그러한 비바람도
언젠가 잦아든다는 것을 알고 있으니
견뎌내면 될 일

영원한 것은 없다.
계절도, 사랑도, 생명도 모두 그렇다.

내가 서 있는 언덕 위
어떤 나무는 지난해 떠나버렸고
또 어떤 나무들은 태어나 새 가지를 뻗기 시작했다.

이 자리에서 영원히 살고 싶어도
나 역시 언젠가 떠날 것이고
이 언덕 위에는 여전히 나무들로 숲을 이룰 것이다.

나를 찾아와 노니는 새들의
새끼, 또 그의 새끼가
이곳을 찾아와 지저귈 것이다.

봄이 오면
나는 내 마음을 다해
내 온몸 가득히 꽃을 피운다.
꽃을 피울 때 나는
대단하고 영원히 아름다울 것으로 생각했지만
한 해 두 해 꽃을 피우고
떨구는 것을 거듭하다 보니
꽃을 피우는 것 자체에 의미를 두고
만족하기로 했다.

봄이 가고 여름이 오면

낙화의 상처는 아물고
그 자리에 달콤한 열매가 자리 잡는다.
상처 난 자리가 아름답다는 것을
매해 매해 새롭게 느끼지만,

나의 열매 또한
꽃이 떨어진 흙으로 되돌아간다.
내가 출발했던 곳도 흙이요
내가 갈 곳도 흙이다.

가을이 오면
나의 잎새들은
초록의 모습을 잃고
저녁노을 색깔을 닮아간다.
나의 사계(四季) 중
가장 아름다운 계절은 이렇게 온다.

자연은 나에게
이제 겨울을 맞이할 준비를 하라고
넌지시 말해준다.

겨울이 다가온다.
나의 잎새는 모두 떠나갔다.

이번 겨울에는
혹독한 추위를 견디지 못해
나에게는 마지막 겨울이 될 수도 있고
또다시 봄을 맞이할 수도 있지만
분명한 것은 힘겨운 겨울을 보내야 할 것이다.

그래도 좋다.
내일은 알 수 없는 것
오늘 이 언덕의 모든 것을 사랑하면서
불어오는 바람에 응답하고
살포시 내려앉는 햇살에 자리를 내어주고
마실 온 작은 새의 수다에 귀 기울여주며
저녁이 오면 깊은 잠에 빠질 것이다.

나무 2

숲으로 간다.
하늘로 오르는 나무의 무리.
몸통 곳곳에 줄기가 떨어져 나간
상처의 흔적들.

솟아난 가지 모두를 데리고는
하늘로 오를 수 없다는 것을 알기에
스스로 부러뜨리고 떨어뜨려
몸을 가볍게 가볍게 하여
하늘로 하늘로 올랐다.

그대는 지고한 삶을 살고 싶은가.

그렇다면
끊임없이 솟아 나오는
욕망과 번민의 가지를
스스로 부러뜨리고 떨어뜨리며
몸과 정신을 가볍게 하라.

난을 바라보며

난은
지켜보지 않아도
제 자리에서
말없이 꽃을 피우고
소리 없이 향을 피운다.

정갈한 아침.
두 손을 모으고
나도
향그런 마음의 꽃대를 올려보자.

내가 나에게

장미꽃이 아름답다 해도
다 아름다운 것은 아니다.

누구보다도 더
밤새워 땅 밑에서 열심히 물을 길어 올리고
거친 바람을 이겨내야 하지.
한낮을 들볶는 땡볕 속에서도
손을 뻗어,
부지런히 꽃봉오리를 만들어간 장미가
더 아름답게 피어난다.

너는 어떠한 장미인가?

나를 쌀찌우는 건
모두 주어진 것이니
모든 것에 감사하고
나의 연약함을 인정하고 겸손하자.

행복은 특별한 것이 아니고
무난한 이 시간이
곧 행복한 시간이다.

알 수도 없는 훗날을 걱정하지 말고
지금을 소중히 여기고
이 시간이 어떠한 모습인지 깊이 응시하라.

자존심이 상해 분노가 일어날 때는
치욕을 견디어내고
더 큰 미래를 맞이한 어진 이들을 떠올리고
내게 온 고난과 욕됨을 참고 견뎌라.

고난의 시간이 오면
오히려 나의 부족함을
채울 기회로 여기고 더욱더 정진하라.

복잡하게 얽혀져 도저히 풀리지 않는 일은
애쓰면 애쓸수록 더 엉키는 법.
흘러가는 시간에 맡겨두고
뚜벅뚜벅 가라.

인연이 있으면 막는다 해도 오는 것이고
인연이 아니면 간절히 원해도 오지 않으니
오는 것을 막지 말고
가는 것을 붙잡지도 마라.

모든 것은 인연으로 오고 가는 것.
인연이 다하면 홀연히 사라지는 것.

집착하지도,
기대하지도,
탐내지도 마라.

언젠가 네 인생의 종점에서
평생을 수고한
네 몸과 영혼에
웃으며 수고했다 작별을 고할 수 있도록
뒷모습이 아름다운 사람이 돼라.

네가 이해해라

예전 사람들은
사랑을 하기도,
헤어진다는 것 또한 어렵고 힘겨운 일이었지.

헤어져 수많은 세월을 보내도
잊기도 어려웠지.

요즘 사람들은
스마트폰 세대라 달라.

마음에 들면
스마트폰 카메라처럼
바로 사랑을 저장했다가

사랑이 시작된 게 오늘일지라도
마음에 들지 않으면 바로 삭제해 버리고 잊어버리는
그런 세상이 되었어.

어찌 그럴 수 있냐
슬퍼 말고

네가 이해해라.

무심(無心)

꽃구경 아직 시작도 못 했는데
목련화
너는 벌써 떨어져
땅바닥을 뒹구느냐.

바람꽃

참을 만큼 참았다.
그 길고도 긴 겨울

삭풍에 몸을 떨던 겨울밤
인내하고 또 인내하면서
눈부시게 피어날
꽃망울을 준비해두었다.

이웃집
생강나무, 복수초, 노루귀, 얼레지도
봄을 맞이할
준비를 다 끝냈다는 전언(傳言)이다.

순리란
막는다고 막아지는 것이 아니라는 것을
꽃 피워 똑똑히 보여주리라.

영원한 시련과 고통은 없다는 것을
활짝 핀 희망으로 증명하리라.

아직은 바람이 거세고 차갑지만
내 여린 몸을 흔들어대도
나는 의연히
나의 봄을 기다릴 것이다.

바람이나 마음이나

한곳에 머무르지 못하는 것은
바람이나 내 마음이나
매한가지

생겼다 없어졌다 하는 것도
바람이고, 마음이지.

오늘 부는 바람
내일 떠날 줄 알고
마음 또한
그러리라는 것을 안다면

영원히 사랑하겠다 해놓고
떠나버린 사람
원망할 일도 없겠지.

방하착(放下著)

열심히 내려놓고 있어요.
어제보다 훨씬 가벼워졌네요.
이렇게 편한걸….

내일은 더 내려놓을 거예요.

쉽게 쓰여진 시

늙으니
시를 쓰려고 하지 않고
시를 써서 참 좋다
이렇게 좋고 편한 것을.

젊어서는 치열하게 써야 시(詩)인 줄 알았다.
이제는 그러고 싶지 않아서 좋고
솔직해져서 더 좋다.

툭툭 가지치기를 해가며 사니
더 높은 곳으로 오르기 쉬워져
참 좋다.

이렇게 좋은 것을.

시선

비 오는 날 하늘 높이 홀로 날아가는 새는
사정이 있어 날아가는 것일 텐데

새를 바라보는 사람들은
외롭고 슬픈 새라 하네.

홀로 산길을 가는 나는
고요하고 행복하기만 한데

저 멀리서 나를 바라보는 사람들은
외롭고 쓸쓸한 사람이라 하네.

그런 거지

강 건너를 바라보니 그곳 아름다운데
건너편 사람은
이곳이 아름답다 하네.

길 떠난 나그네는
집에 편히 머물기를 그리워하고
퇴근길 집으로 돌아온 사내는
정처 없이 길 떠나는 나그네를 부러워하네

오늘

어제의 나를 잊으니
오늘의 나도 나쁘지 않다

이면(裏面)

광활한 푸른 바다가 있다면
그 밑엔
바다를 받쳐주는 거대한 벌판이 있다.

반짝이는 별이 있다면
별을 빛나게 해주는 어둠이 있다.
쌀 한 톨이 있다면
그 속에 스며 있는 농부의 한숨과 땀방울이 있다.

내게 주어진 행복한 공간과 시간이 있다면
그런 공간과 시간을 가능하게 해준
누군가의 땀과 희생과 눈물이 있다.

내가 있다면
오늘의 나를 있게 해 준
고마운 사람들이 있다.

보이는 것이
다가 아니다.

자유와 행복

마치 누에가 스스로 고치를 만들어
그 속에 갇혀 살 듯
고치를 틀고
자신을 가두어 살지 마라

이꽃 저꽃 넘나드는 나비처럼
창공을 날아가는 저 새처럼
훨훨 자유롭게 살아라.

지나온 세월도 꿈이고
가야 할 세월도 꿈일지니

산정(山頂)의 고고한 현인보다는
혹한이 몰아칠 때 따뜻하게 몸을 녹여주는
숯 같은 사람이 더 빛나는 것

자유와 행복은
머나먼 낙원보다는
한 움큼의 햇빛에 기뻐하는
새벽 들꽃 위에 머물러 있을지도 몰라

제자리

뒤도 바라보지 않고 열심히 달려왔는데
뒤돌아보았더니
제자리
부처님 손바닥이구나.

집착

집착은
물 위에 비친 달을 잡으려는 것

잡으려 손을 뻗치면
홀연히 흩어져 사라지지만

가만히 바라보고만 있으면
결코 달은 떠나지 않지.

처음처럼

'처음처럼' 소주를 마신다.
누가 이름을 지었는지
이름 한번 잘 지었구나

사랑을 처음처럼 한다면
친구를 처음처럼 만난다면
그 누구와 만나도 처음처럼 만난다면
매일 매일을 처음처럼 산다면

하루하루가 설렘이요
하루하루가 선물일 것이다

카르페디엠

만개한 벚꽃이
바람에 날리어 떨어진다.

함박눈처럼 떨어지는 꽃의 모습
이보다 더 아름다운 게 있을까.

피어나는 꽃은
지는 것을 두려워하지 않는다

이 찬란한 모습
다시 볼 수 있을까
욕심내지 마라.

다시 못 볼
지금 낙화(落花)의 아름다움에
그저 행복해야지

텃밭에서

날이 좋으면 그런대로 좋고 비가 오면 그런대로 좋다.

날이 좋은 날은 모종을 심고
바람 거센 날은 고춧대 세우고
비가 오는 날은 하루 쉬면 되지

인생사도 그래
잘 나가면 그대로 좋고
힘겨우면 쉬어 가면 되지.

행복

괴나리봇짐 둘러매고
행복 찾아 나선 지 수십 년
무심하게 흘러가는 구름 보고
행복이 있는 곳이 어디냐 물었더니

어깨에 맨 짐만 내려놓으면
행복이 있는 곳이
보일 것이라 답하더라

제 2 부

강

역사는 강물과 같아서
가야 할 곳으로 도도히 흘러간다.

그 물살의 힘과 깊이가 크다 보니
가야 할 것, 가지 말아야 할 것
쓰레기까지 뒤섞여 흘러간다.

역사는 강물과 같아서
잠시 거슬러 올라갈 수도
멈춰 설 수는 있어도

빛과 어둠,
기억과 망각까지 모두 거두어
도도히 흘러간다.

나의 인생 또한 흘러간다.
기억하고 싶은 추억도,
잊고 싶은 기억도
함께 더불어
세월의 강물 따라 흘러간다.

그러나
떠밀려 가고 있는
강물의 끝이
블랙홀일지
거대한 바다일지 나는 모른다.

그래서 두렵다.

그 길

지금은 발길 끊어진
시골 폐가 담장 옆
빛바랜 희미한 길

그 길 위에
옛 일가(一家)의
두런거리는 목소리가
봄 아지랑이 되어 어른거린다.

비가 오고, 또 오고
빗물 흘러가고
흙바람 불고 또 불어 그 길을 덮으면
그 위엔 개망초만이 가득히 피어나겠지

갈 곳이 있어 걸어가는 길만
길이 아니라
갈 곳 없이 걸어도
길이기에

오늘
갈 곳 없는 나도
그 길 위로 걸어간다.

그렇게 살면 되지

나무와 풀
갖가지 새와 짐승들
큰 바위와 작은 바위,
샘과 시냇물이
모두 함께 어우러져 산을 이룬다.

사람 사는 세상도 산과 같아서
키 큰 사람, 작은 사람,
잘난 사람과 못난 사람,
남자와 여자,
성격 좋은 사람과 그렇지 못한 사람,
순한 사람과 모진 사람이
모두 함께 어우러져 세상을 이룬다.

여보게, 친구!
따지지 말게.
태어나길 그렇게 태어난 걸
어찌하라고

나무처럼 풀처럼

새와 짐승처럼
샘과 시냇물처럼 서로 어울려
그렇게 살면 되지.

꿈

살아온 날은 한바탕 꿈이었다.
꿈이었으니
무슨 꿈을 꾸었는지 뭐 그리 중요할까.

살아갈 날도 꿈이리라.
꿈일 것이니
무슨 꿈을 꾸든 뭐 그리 중요할까.

꿈인 듯 현실인 듯
머물러가는 오늘

진경산수 속의 도인처럼
나물 먹고 물 마시며
그저 노닐다 가면 되지.

내 마음의 수채화

유화(油畫)는 잘못 그리면
덧칠로 다시 그릴 수 있으나

수채화는
덧칠해 다시 그릴 수 없지.

가야 할 내 날은 수채화 캔버스이다.
무엇을 그릴지 마음 추스르며
다시 붓을 잡는다.

내가 나를 속이고 있다

옛날에 한 시각장애인이 살았다.
세 살에 시력을 잃어 40년을 시각장애인으로 살았다.

어느 날 길을 가다 기적같이 시력이 되돌아왔다.
그런데 그는 길에서 소리 내어 울고 있었다.
그것은 기쁨의 눈물이 아니라 슬픔의 눈물이었다.

길을 가던 사람이 그 이유를 물어보았다.
그 시각장애인 대답인즉슨
"옛날에는 불편한 것도 없고, 의심과 혼란이 없었는데,
눈을 뜨고 나니 천지가 요란하고 산천이 뒤엉키고
모든 의심이 내 가슴을 막아 버리네요."

그러자 길 가던 행인이 말을 건넸다.
"그러시면 도로 눈을 감으시죠.
당신을 괴롭히는 것은 당신이군요."

- 연암 박지원의 '열하일기(熱河日記)'의 서화담 선생 일화에서

다시 만나리

지나가던 들고양이가 흘끗 돌아다 본다.
'우리 어디서 만났던가?' 하는 그런 표정으로.

그리곤 그는 아무런 일도 없었다는 듯이 가던 길을 간다.
0.1초 간의 우리의 시선 교환은 이렇게 끝났다.

이렇게 단 한 번 마주친 것이
이 세상 인연의 마지막일 수 있으리.

이것도 인연이라면 인연으로 남아
3만 년 후 다시 만나자.

나는 들고양이로
너는 사람이 되어.

더 자도 꿈, 덜 자도 꿈

꽃은 져도 다시 피지만
젊음은 지면 다시 피지 않는다.

겨울이 가면 다시 봄이 오지만
흘러간 시간은 다시 오지 않는다.

세월의 강물 위에 젊음을 떠나보내니
흰머리 흩날리며
어느덧 황혼의 부둣가에 닿았구나.

인생은 한바탕 꿈이라 했으니
더 자도 꿈일 것이요,
덜 자도 꿈일 텐데
조금 더 자겠다
욕심내면 무엇하리.

백제금동대향로(百濟金銅大香爐)

서기 육백육십 년
백제가 스러질 제
사찰은 불타 사라지고
너는 깊고 깊은 잠에 빠졌다

1993년 12월 12일
부여 능산리 사찰 터에서
영롱한 모습으로 다시 깨어난 너

천년의 세월 동안 묻어두었던
백제의 슬픔과 영광을 말하고 싶었겠지

향로의 밑바닥엔 똬리 친 용이
세 다리는 바닥을 딛고
한 다리는 위로 치켜올리며
힘차게 승천하누나

용이 토해 올린 연꽃은
향로의 밑동을 이루고

연꽃 잎새마다
신선과 물고기와 뭍짐승이 한가로이 노닐고

넉넉해진 연꽃은
반원형을 이루어 향로를 떠받치네

향로의 맨 위에는
여의주를 문 봉황이 날개를 활짝 편 채
의젓한 자세로 앉아 있고

그 밑으론
일흔네 곳 봉우리가 펼쳐져 있는
극락정토(極樂淨土)의 봉래산(蓬萊山)이
봉황을 굳건히 받쳐주네

봉래산 상단부엔
피리, 비파, 소(簫), 거문고, 북을 든 오악사(五樂士)의
아름다운 연주에
둘러싼 봉우리 다섯 마리 기러기가
어우러져 춤을 추고

봉래산 첩첩산중에는
열한 명의 신선과 수십 마리 동물들이 어우러져
극락정토(極樂淨土)를 이루네

용은 음(陰)이요, 봉황은 양(陽)이니
음양오행(陰陽五行)을 맞추어
신선과 동물이 함께 노니

도교(道敎)의 이상세계라

극락정토(極樂淨土)의 봉래산을
연꽃으로 받쳐주니
연화연생(蓮華化生)
불교(佛敎)의 이상세계라

오악사(五樂士)가
아름다운 음악을 연주하니
예악사상(禮樂思想)
유교(儒敎)의 이상세계라

유불선(儒佛仙)이
함께 어우러진 대향로(大香爐)는
심오한 향불 피우네

부처님께선
"가마솥의 국물을 다 마셔봐야 그 맛을 알겠느냐,
한 수저만 맛을 보면 알지"라 하셨지

"백제를 알고 싶으냐.
나 하나만 보면 안다"라고
백제금동대향로가
부처님 음성으로 말하는구나.

세월

세월은
희열의 시간도
고난의 시간도
추억의 곳간에 사이좋게 자리하게 하지.

실타래처럼 얽혀
풀리지 않았던 문제도
세월은
저절로 풀어지게도 하지.

살다가 힘겨운 일이 있걸랑
차라리
흘러가는 세월 속에 그대를
맡겨두렴

시(詩)

詩란
들길에서 만난 꽃 앞에
공손히 앉아
말을 거는 것.

詩란
오랜 시간
담금질 해온 생각을
고백하는 것.

시인과 컴퓨터

컴퓨터를 켜고
모니터에 한글 '새문서'를 불러낸다

사각의 A4 용지 빈 화면이 나를 응시하며
예수처럼 속삭인다.

"정직해라. 진실해라.
그러면 좋은 글로 응답해주리니."

아침 꽃

몸서리치도록 차갑고 길고 긴 밤을 견디지 못했다면
떠오르는 아침 해를 향해
피어난 너의 모습이
이토록 눈부시게
아름다울 수는 없으리

어느 사진작가의 유작

저녁노을 붉게 깔리고
강물도 붉게 흔들리는 초저녁

사진 속 한 노인이 지게 가득
땔나무를 메고
집으로 향하여
강변 길을 걸어간다.

주름진 노인의 얼굴에 초점을 맞추고 있을
사진작가의 눈가에도
촉촉이 노을이 젖어 있었을 것이다.

이제는
노인도, 사진작가도
모두 저세상으로 떠나갔지만

그들이 떠나간 강가는
여전히 노을이 지고
무심히 해가 뜨고, 저문다.

우리는 어떠한 꽃을 피우며 살아가는 것일까

길고 긴 겨울이 물러나고
봄이 왔다.

아파트 뜰 나무에
갖가지 꽃이 다투어 피고 있다.
개나리, 진달래, 목련, 산수유
햇살을 가득 안고 있는 벚꽃은 눈부시다.
모두가 겨울을 이겨냈다는 분명한 증거이리라.

지금 이 시각 강원도 깊은 산속
발길 닿지 않는 곳에서도
꽃은 만발해 있을 것이다.

그 꽃들은 행복할까?
그럴 수도 있고,
그렇지 않을 수도 있겠다.

사람들도 꽃과 같아서
남들이 알아주지 않아도
자신이 행복하면 행복한 거다.

나무든, 사람이든
모두 다 저마다의 꽃을 피운다.
어떠한 꽃을 피우는가는
자신이 알아서 할 일이다.

오늘 우리는
어떠한 꽃을 피우고 있는 걸까?

죽음

죽음이란
신체가 멸하여
고통이 없는 세계로 들어가는 것이라 하지.

죽음이란
정신 또한 멸하여
무념무상의 세계로 들어가
정신적 고통에서 벗어나는 것이라 하지.

이처럼 좋은 걸
스스로 선택하지 못하는 것은

지나온 날에 대한 미련과
가보지 않은 미지의 길에 대한
두려움을 떨치지 못하는
사람인지라

어찌하리.

'챗GPT', 너에게 묻는다

시인 안도현은
'연탄재 함부로 발로 차지 마라
너는 누구에게 한 번이라도 뜨거운 사람이었느냐'라고 하였다

나도 '챗GPT'에게 묻는다

'인생과 예술을 함부로 논하지 마라
너는 누구에게도 한 번이라도 뜨거운 인공지능이었느냐.'

혼자라도

혼자라도 행복하다면,
흘러가는 구름과
밤하늘의 별과도 이야기 나눌 수 있다면,
외롭지 않다.

그렇지 못하다면
누구와 함께 있어도
외롭다.

제 3 부

가시

미움과 분노는 마음속의 가시
아픈 기억도 마음속의 가시

어떤 가시는 뿌리를 내리고
자라기도 해

마음속 가시가 있는 한
고통은 계속되지

가시를 없애는 유일한 방법은
용서하는 것

그래도 용서할 수 없다면
잊으렴, 무시하렴

잊는 것도, 무시해버리는 것도
연습이 필요해

거울 앞에서

샤워하다 거울에 비친 나의 알몸을 바라본다.
한때는 눈부신 몸매를 가졌다는
부러움도 샀었는데,
지금의 내 모습이 싫다.

하지만 내 육신아
주인 잘못 만나
오랜 세월 지지리도 고생 많았다.

내 영혼도
주인 잘못 만나
오랜 세월 마음고생 너무도 많았다.

오랜 세월
고생 많았던 내 육신과,
고달팠던 내 영혼에
늦었지만
슬며시 한마디 던진다.

"고맙다. 수고했다."

결국은

버스를 타려 정류장에 가까이 갈 때마다
내가 타야 할 노선버스가 눈앞에서 출발해버린다.
한두 번이 아니다.
오늘도 그랬다.

눈에 보이지 않지만
내게 온 기회도
번번이 그렇게 떠나버렸는지도 모른다.

화를 낸다고 사실이 달라지는 것이 아니기에
마음 편하게 생각하기로 했다.

서둘러 간들, 기회를 잡은들
결국은 종착지는 하나
인생의 종점으로 가는 것이 아니더냐.

천천히 가자.
더 느리게.

과거는 흘러갔다

과거의 상처로 현재를 망치지 마라
과거 없는 현재는 없으나
그렇다고
과거는 현재가 아니다

마음의 상처란
가슴 속에 그대로 두면
두고두고 고통스러운 것이기에

원망하는 마음도,
과거의 상처일랑
모두 과거의 시간으로 흘려보내고

오늘은
과거로부터
그대를 자유롭게 해방하라

그릇

사람은 태어날 때
자기 몫의 그릇을 갖고 태어나지

그 그릇에 생각을 담고
삶도 담지

남의 그릇을 닮으려 하지 말고
비교하지도 마라

남의 그릇에 무엇을 담든,
무엇이 담겨있던
그의 몫이니 참견하지 마라

그는 너처럼 될 수 없고
너도 그처럼 될 수 없으니

불행은 비교하는 데서 싹트고
행복은 주어진 것에 만족하는 데로 깃들지

너의 그릇이 텅 비어있을 때
비로소
자유로워지고 평화로워지지

길상사(吉祥寺)에서

모진 바람
내 마음에 어지럽게 불어대는 날이면
길상사에 간다.

그곳에 언제나
법정 스님이 계시기 때문이다.

잊으실만 하면
찾아가 뵙기를 청하니

이 사람아
죽은 사람을 왜 자꾸 불러내는가 하시면서도
싫지 않으신지
늘 포근히 맞이해 주신다.

길상사의 뜨락에는
스님께서 뿌려 놓으신
청빈의 도(道)와
맑고 향기로운 삶이 어려있기에

스님과 아무 말씀 나누지 않고 함께 거닐기만 해도
그저 좋다.

가끔은 시인 백석과
그의 연인 '길상화' 보살도 동행해주면
그들의 따뜻한 사랑을 느낄 수 있어서 더욱 좋다.

나의 삶이 지치고 힘들 때
언제라도 찾아가 쉴 수 있는 곳
길상사더라.
나는 내가 돌본다

황제보다 더 정중하게
재벌 총수보다 더 융숭히
나를 모셔야지.

내가 없는 삼라만상은
나에겐
아무런 의미도, 가치도 없잖아.

그래서
나는 내가 돌본다.

나는 언제 죽을까

어머님 발인을 마치고 어머님 방을 둘러본다.
여전히 어머님의 체온이 느껴진다.
벽에 걸린 달력에
어머님의 낯익은 투박한 손글씨로
이달 말 치과 예약이 적혀있다.

어머님은 돌아가실 준비를 하지 않으셨구나.
나는 언제 죽을까?

마음 편히 살고 싶다면

원한은 물에 흘려보내고
은혜는 바위에 새겨두라지만

원한은 바위에 깊이 새겨두고
은혜는 물에 가벼이 흘려보내는 이 많다.

마음 편히 살고 싶다면
고마움은 잊지 말고
베푼 것은 잊어버리렴.

베푼 것 다 잊었는데
고맙다고 찾아주는 이 있다면
비웠는데 내 마음 채워주니
그 사람이 은인이겠지.

봄바람

앞산 앞에 서니
이 산이 제일 아름답더니

산 넘어가니
펼쳐진 들과 강이 더욱 아름답구나.

그 들과 강 넘어가면
또 하나의
더 아름다운 마을이 있다는 것을
젊은 시절엔 몰랐기에

다시는
그때로 돌아가고 싶지 않다.

오늘은
불어오는 봄바람에 흩날리는
내 흰 머리카락도
제법 멋지다.

부산함

앰블런스 한 대가 경적을 울리며 황급히 달려가고 있다.
생사의 갈림길에서 촌각을 다투고 있을 누군가의 시간에
버스 정류장에서 집으로 가는 노선버스를 기다리고 서 있는 내 앞에
앞다퉈 먼저 가려는 차량의 크락션 소리가 요란하다.

언젠가 이 세상에 없을 사람들의 부산함.

사람만 특별한 존재일까

숲길을 걷는다.
갖가지 수목이 저마다 팔을 뻗어 숨 쉬고 있다.
쟤들은 무슨 생각을 하며 살까.

강변을 걷는다.
물속을 들여다보면
온갖 물고기들이 바삐 움직이며 연신 입질하고 있다.
쟤들은 무슨 생각을 하며 살까.

잔디밭을 걷는다.
잔디밭에 앉은 새들이 연신 먹이를 쪼아 먹고 있다.
쟤들은 무슨 생각을 하며 살까.
거리를 걷는다.
수많은 사람이 몰려다닌다.
저들은 무슨 생각을 하며 살까.

풀 나무나, 물고기나, 새들이나, 사람이나
세상에 왔다 가기는 마찬가지인데
사람만 특별한 존재일까.

다시 바라보니
정겹지 않고

예쁘지 않은 것 없다.

세금

한동안 잊고 지냈던
아름다운 추억을 떠올리며 행복한 시간을 누릴 때는
기대하지 않았던 뜻밖의 선물을 받는 것 같다.

그러나
잊으려 할수록 선명해지는 악몽 같은 기억으로
우울한 시간을 보낼 때도 가끔은 있다는 것은
행복한 뜻밖의 선물에 대한 세금이겠지?

소금(鹽)

어제
아무도 관심을 두지 않는
향토민요 연구에 평생을 보낸
원로 여류 학자를 만났다.
기립박수를 쳐주고 싶었다.

오늘
가족을 위해 돈이 되는 일이라면
허드렛일이라도 서슴지 않고 일하며 평생을 보낸
동네 맥가이버 할아버지가
며칠째 막혔던 우리 집 하수구를 뚫어주셨다.
기립박수를 쳐주고 싶다.

이런 이들은 세상의 소금이다.
그래서
세상은 더 이상 썩지 않는다.

실연(失戀)당한 그대에게

배신당했다 노하거나 슬퍼하지 마라.
그 나쁜 인간이 제 발로 떠났으니
환영할 일이다.

게다가
그 나쁜 연놈에게 미안할 것 없이
더 좋은 사람 만나
사랑할 수 있는 기회까지 주었으니
땡큐이다.

아라비아 숫자

0,1,2,3,4,5,6,7,8,9
너를 아라비아 숫자라고 부르면서도
아무도 너에게서
중동의 아라비아를 떠올리진 않아.

네가 아라비아로 오기 전
인도에서 출발했다 해도
아무도 너에게서
인도를 떠올리지 않아.

모든 숫자는
더하고 빼고 곱하고 나눌 수도 있다지만
0에서 출발하여
다시 0으로 돌아오지.

기쁨, 노함, 슬픔, 즐거움 또한
더하고 빼고 곱하고 나눌 수 있겠지만
모든 것은 무(無)에서 출발하여
다시 무(無)로 돌아오지.

이 화상아

한때는 당대의 지성이라
한 몸에 존경받던 인간이
TV에 나와 주접을 떨고 있다,

셰익스피어는
"백합이 썩을 때
그 냄새는 잡초보다 훨씬 고약하다"라고 하였다.

악취가 진동한다. 이 화상아!
그렇게 주책을 떨고 싶다면
나보다 오래 살아서
내가 죽은 후에나 나와서
주접을 떨거라.

자식

네가
한 떨기 아름다운 꽃을 피울 수 있었던 것은
그냥 되었던 것이 아니다.

너의 찬란한 아름다움에 가려진 그늘에서
길고 긴 시간
오직 너 하나만을 위해
눈물과 인고의 시간을 보냈던
뿌리와 잎새,
그리고 줄기와 꽃대가 있었기에
너의 아름다움이 가능하였다.

언젠가 너도 꽃잎을 땅에 떨구어
뿌리와 잎새가 되고,
줄기와 꽃대가 되어
새로운 꽃을 피우게 되겠지.

정신과 육체

정신만 고귀한 것이고
육체는 천한 것이더냐.

그 둘은 헤어질 수 없는
한 몸이다.

육체가 없다면
정신이 머무를 곳은 없다.

육체의 심장이 멎으면
정신 홀로 산다고 하여도

오각(五覺) 없는
그 덤덤한 삶이
그게 삶이더냐.

태양

내가 발을 딛고 서 있는 이 지구에서
네가 있는 곳까지의 거리가 1억 5천km란다.

네가 있는 곳까지 걸어간다면
4,270년이나 걸린단다.

너는 그리도 먼 곳에 있는데
그냥 하늘에 떠있다고만 생각했다.

너는 아침이면 뜨고
저녁이면 지는
나와 관계없는 존재로만 알았다.

너의 빛으로 만물을 구분할 수 있고
낮과 밤을 나누고
사랑하는 사람의 눈빛을 알아채고,
다가오는 위험을 피할 수 있었다는 것을 몰랐다.

너로 인해
때론 안개가 끼고, 구름이 일고, 바람이 불고, 비가 내리고,
눈이 내린다는 것을 몰랐다.
내가 마시는 물과 공기가 당연하듯

너를 당연한 존재로만 알았다.
아무도 너에게 감사함을 나타내고
말하지 않았음에도
너는 하루도 빠짐없이 묵묵히 네 자리를 지켰다.

나무가 잎을 틔우고, 풀잎이 돋아나는 것도
너를 맞아들일 공간을 마련하기 위함이라는 것을 몰랐다.

나무가 하늘을 향해 오르는 것도
서로의 그늘을 피해
너를 조금이라도 더 맞아들이기 위함이라는 사실을 몰랐다.

네가 있기에
지상은 꿈을 꿀 수 있었다.
꿈이 피어나는 식탁에서 드리는 푸른 기도가
나를 살아갈 수 있게 했다는 것을 몰랐다.

너는 힘과 생명의 원천이다.
신이 있다면
신은 아마도 너의 친구일 것이다.

너무나도 몰랐다.
네가 있기에
내가 존재할 수 있다는 것을.

텃밭에서

텃밭에 들렀다.

채소와 과실 나무는
제 자리에서
제 할 일을 하고 있었다.

작약꽃, 붓꽃, 장미꽃, 찔레꽃이 피어 있다.
복숭아, 매실나무, 블루베리는 꽃을 떨구고
이미 열매를 준비해두었다.

오이, 호박, 상추, 토마토는
튼실한 몸을 흔들며
수확을 약속했다.

이렇게 이놈들은
들를 때마다
지친 나에게 결실의 선물로
작은 기쁨을 준다.

보고 배우라는 듯
이렇게 자연은
묵묵히 제 할 일을 하고 있었다.

동백꽃은 바람에 날려

75년 전 그날도
오늘처럼 바람이 거세게 불고
동백꽃은 비처럼 떨어져
핏빛으로 뒹굴고 있었다.

떨어진 동백꽃은
공포에 떨며 서로를 부둥켜안은 채
붉은 눈물을 흘렸지.

그날의 거센 바람은
불의의 광풍이요.
피에 굶주린 광인의 바람이었다.

오늘처럼 바람이 부는 날이면
제주에는 동백꽃 핏빛 울음소리가
골짜기를 타고 이리저리 헤매어 다닌다.

상처받은 사랑은
사랑에 의해서 치유 받듯이
상처받은 원혼은

함께 목놓아 울어주어야 치유될 수 있나니.

잊지 않으리, 동백꽃!
잊지 않으리
1948년 4월 3일의 그 날을!

(2023. 4. 3)

라오스의 춤, 란넵

남방(南方)의 무희(舞姬)들이
열대의 선율을 타고 춤춘다.

우아하게 움직이는
무희의 가녀린 손가락 하나하나에
매혹적인 이야기가 꽃피어 오른다.

긴 머리카락 나부끼며
멈춘 듯 움직이는
무희의 손가락은

사랑의 이야기를 풀어 놓기도 하고
꽃잎이 되고
나비가 되고
새가 되어 날아가기도 한다.

수줍은 듯 미소를 머금고
내 손을 꼭 잡고
꽃길을 함께 걸어주기도 하고,

옥빛 바다가 보이는
바람 부는 언덕에

함께 서기도 하고,

무릎 베개 해주어
먼 길에 지친 내 몸을 쉬게도 한다.

내 마음은 어느새
무희들과 함께 춤추고 있다.

어떠한 인연으로
우리는 이 자리에 함께 있는 것일까

처음 만났으나
처음이 아닌 것 같은
란넵, 라오스의 춤.

장맛비는 쉼 없이 내리고
– 오송 지하차도 참사 젊은이들의 명복을 빌며

며칠째 내린 장맛비에
힘센 은행나무도 결국 이겨내지 못했는지
푸른 은행잎 몇 잎을 보도에 힘없이 떨구었다.

퍼렇게 질린 얼굴로
비를 맞고 보도 위에 떨어진 은행잎마다 지하차도에서 목숨을 잃은
시내버스 안 젊은이들의 창백한 얼굴이 보인다.

누구나 생로병사의 과정을 거쳐
죽음에 이르는 것은
슬프고도 당연한 이치이지만,

피어보지도 못하고
쫓기듯 세상을 떠나야 했던 젊은이들이
너무도 닮았다.

떨어진 은행잎 위에도
출입 금지 팻말이 걸린 텅 빈 진흙밭 지하차도 위에도

장맛비는 쉼 없이 내린다.
무심하게
처절하도록 무심하게

2023. 7. 15

해설

김태균

투명한 언어와 관조적 명상으로 다가오는 희망의 시

평론가 김태균

시는 마음의 거울이다. 몸이 누워있듯 몸을 통해 마음은 말을 한다. 그래서 시인의 말은 행동이다. 시대를 꿰뚫는 웅변이다. 김승국 시인의 시를 읽으며 '시여! 침을 뱉어라' 분노를 읊조리던 김수영 시인의 얼굴을 본다. '누가 푸른 하늘 보았다 하는가' 절규하던 신동엽 시인이 비틀거리며 다가온다. 그리고 이내 '구름에 달 가듯' 인생을 걸어가는 나그네처럼 박목월 시인과 같이 걷고 있는 김승국 시인을 본다.

김승국 시인의 시는 아주 탄탄하면서도 깊이 있는 정서적 단도리가 있는 투명한 언어가 돋보인다. 그러나 왠지 모를 허무함이 밀려오기도 하지만 때때로 관조적 명상으로 다가오는 청징한 말들이 감동적으로 온다.

시인은 말한다.

그리운 그대

아직 가시지 않았나요.
어젯밤 꿈에 보이시더군요.
어여 가셔서 쉬고 계세요.
금방 따라갈게요.

 시인의 몽환과 같은 잔향인지. 누군가 부르는 듯하다. 금방 따라간다는 시인에게 과연 그대는 무엇일까. 그대를 향한 獻花헌화. 김승국 시인이 시를 쓰는 이유가 아닌가 생각된다. 시집의 제목은 〈꽃은 **고요히 피어나고**〉이다. 시인은 서두에 시에 대해 이리 말하고 있다.

"젊어서는 치열하게 써야 시(詩)인 줄 알았다. 이제는 그러고 싶지 않아서 좋고, 솔직해져서 더 좋다. 툭툭 가지치기해가며 사니 더 높은 곳으로 오르기 쉬워져 참 좋다. 이번 시집에 실린 시들은 시를 쓰려고 하지 않으면서 쓴 시이다. 한 마디로 쉽게 쓰인 시이다. 이번 시집이 메마른 시대를 살아가는 독자들에게 위로와 공감의 시집이 되길 바란다."

 시인의 고백은 쉽게 쓰인 시지만 메마른 시대를 살며 쓴 시일 것이다. 그러나 시인의 미적 美的 거리감 가득한 그리운 그대를 찾아가 본다.

올라갈 때 못 본 꽃을 내려올 때 보았다는 원효의 무애無㝵 꽃을 본 고은 시인인 듯. 시인은 꽃의 육화를 통한 일체화를 보여준다.

오늘

어제의 나를 잊으니
오늘의 나도 나쁘지 않다

하며 올라가고 내려가듯 어제와 오늘을 일체화한다. 그리고

고요한 마음으로

꽃이 피어 있다.
나를 좋아해 주기를 바라는 마음조차 없기에
바라보는 나는 고요하다.

꽃을 바라보듯
그대를 본다.

저기 숨죽이며 서 있는 꽃.

무념무상 하니 꽃이 나인지 그대가 꽃인지 모른다. 고요에 침잠하니 그럴까. 고요 속에 흐물거리며 바람은 분다. 꽃이 나고 내가 꽃이고 그래서 꽃이 그대인지 모른다. 바람이 부니 시심이 그리움에 묻어온다. 시인의 시속에 그리운 그대, 어머니가 거울처럼 보인다.

길

바람결에 흔들리는 나무를 바라보면
잎사귀의 흔들리는 소리를 듣다 보면
바람길이 느껴지지

그런 길 말고
오르막길, 내리막길 힘겨운 인생길에
함께 가는 길도 있지

그 무엇보다
따뜻한 길은
어릴 적 나를 토닥여 잠재우시던

어머님의 따뜻한 손길도 있지

따뜻한 어머니의 손길. 아마도 어머니는 저기 피안의 세계에서 시인을 기다리시는지 모른다.

"귀향"이란 시에서 시인은 어머니를 추억한다.

~
인생이란 낯선 객지 길을 걸어가는 것.
객지 길이라고 쓰라린 일만 있겠냐마는
그래도 험난하고 고달퍼라.

쉼 없이 몰아쉬었던 숨을 거두는 것
왔던 곳으로 돌아가는 것
바람 따라 떠돌다 하늘로 돌아가는 것

숨을 거두셨다.
돌아가셨다.
소천하셨다. 이 말

가슴 떨리는
귀향의 이름

하며 가슴 떨리는 귀향의 이름을 노래한다. 귀향은 어머니의 품으로 돌아가는 것이다. 어찌 보면 하늘에 귀의하는 따뜻한 마음에 그대를 향한 마음이 담겨있다.

나는 언제 죽을까

어머님 발인을 마치고 어머님 방을 둘러본다.
여전히 어머님의 체온이 느껴진다.

벽에 걸린 달력에
어머님의 낯익은 투박한 손글씨로
이달 말 치과 예약이 적혀있다.

어머님은 돌아가실 준비를 하지 않으셨구나.
나는 언제 죽을까?

돌아갈 길을 예약하지 않았지만 언제나 익숙한 발걸음으로 죽음은 다가올 것이다. 어머니의 낯익은 투박한 손글씨 같은 것이 처음 살아 보는 인생이다.

시인에게 인생은 또 다른 그리운 그대이다. 인생은 홀로 가는 것이다.

혼자라도

혼자라도 행복하다면,
흘러가는 구름과
밤하늘의 별과도 이야기 나눌 수 있다면,
외롭지 않다.

그렇지 못하다면
누구와 함께 있어도
외롭다.

인생이란 들 가에 핀 사람들 모두 외로운 혼자라는 꽃이다.

아침 꽃

몸서리치도록 차갑고 길고 긴 밤을 견디지 못했다면
떠오르는 아침 해를 향해

피어난 너의 모습이
이토록 눈부시게
아름다울 수는 없으리

삶을 사는 인생은 풍요로운 아침 꽃이다. 인생이란 늘 내 마음의 수채화 같은 것이다. 시인은 말한다. 하루하루 붓으로 그려가는 끝 모를 미로를 그리는 인생을 우리는 산다.

내 마음의 수채화

유화(油畫)는 잘못 그리면
덧칠로 다시 그릴 수 있으나

수채화는
덧칠해 다시 그릴 수 없지.

가야 할 내 날은 수채화 캔버스이다.
무엇을 그릴지 마음 추스르며
다시 붓을 잡는다.

붓을 그린 인생이란 길은 이런 것이라 말한다.

그 길

지금은 발길 끊어진
시골 폐가 담장 옆
빛바랜 희미한 길

그 길 위에

옛 일가(一家)의
두런거리는 목소리가
봄 아지랑이 되어 어른거린다.

비가 오고, 또 오고
빗물 흘러가고
흙바람 불고 또 불어 그 길을 덮으면
그 위엔 개망초만이 가득히 피어나겠지

갈 곳이 있어 걸어가는 길만
길이 아니라
갈 곳 없이 걸어도
길이기에

오늘
갈 곳 없는 나도
그 길 위로 걸어간다.

그 길은 작두날 위에 길인지도 모른다. 그래서 시인은 그런 삶을 위로한다.

그렇게 살면 되지

나무와 풀
갖가지 새와 짐승들
큰 바위와 작은 바위,
샘과 시냇물이
모두 함께 어우러져 산을 이룬다.

사람 사는 세상도 산과 같아서
키 큰 사람, 작은 사람,

잘난 사람과 못난 사람,
남자와 여자,
성격 좋은 사람과 그렇지 못한 사람,
순한 사람과 모진 사람이
모두 함께 어우러져 세상을 이룬다.

여보게, 친구!
따지지 말게.
태어나길 그렇게 태어난걸
어찌하라고

나무처럼 풀처럼
새와 짐승처럼
샘과 시냇물처럼 서로 어울려
그렇게 살면 되지.

그리고 그런 삶 속에서 얻는 행복을 시인은 다음과 같이 말한다.

행복

괴나리봇짐 둘러매고
행복 찾아 나선 지 수십 년
무심하게 흘러가는 구름 보고
행복이 있는 곳이 어디냐 물었더니

어깨에 맨 짐만 내려놓으면
행복이 있는 곳이
보일 것이라 답하더라

꿈

살아온 날은 한바탕 꿈이었다.
꿈이었으니
무슨 꿈을 꾸었는지 뭐 그리 중요할까.

살아갈 날도 꿈이리라.
꿈일 것이니
무슨 꿈을 꾸든 뭐 그리 중요할까.

꿈인 듯 현실인 듯
머물러가는 오늘

진경산수 속의 도인처럼
나물 먹고 물 마시며
그저 노닐다 가면 되지

그리고 인생은 어찌 보면 장황한 꿈과 같은 것이다 하며 낡은 추억의 사진 속 진경산수의 도인으로 추상 抽象 해낸다. 그리고 사람의 세월은 그런 것이라 우리를 다독여주고 있다.

세월

세월은
희열의 시간도
고난의 시간도
추억의 곳간에 사이좋게 자리하게 하지.

실타래처럼 얽혀
풀리지 않았던 문제도

세월은
저절로 풀어지게도 하지.

살다가 힘겨운 일이 있걸랑
차라리
흘러가는 세월 속에 그대를
맡겨두렴

길 위에 인생. 끝은 죽음이다, 절로 찾아온다. 누구에게나 그리움보다는 두려움으로 오는 것이 사실이다.

세월

세월은
희열의 시간도
고난의 시간도
추억의 곳간에 사이좋게 자리하게 하지.

실타래처럼 얽혀
풀리지 않았던 문제도
세월은
저절로 풀어지게도 하지.

살다가 힘겨운 일이 있걸랑
차라리
흘러가는 세월 속에 그대를
맡겨두렴

시인은 말한다. '흘러가는 세월 속에 그대를 맡겨두렴' 한다. 그리운 그대가 아마도 시인에게 죽음일 수도 있다. 마지막의 의미로 그렇다. 그러나 시작이 있으면

끝도 있고 끝이 있으면 시작도 있다. 천부경의 시작이 일시무시일一始無始一하고 끝이 일종무종일一終無終一한다. 하나의 시작과 끝과 같은 인간의 인생이다.

거울 앞에서

~
하지만 내 육신아
주인 잘못 만나
오랜 세월 지지리도 고생 많았다.

내 영혼도
주인 잘못 만나
오랜 세월 마음고생 너무도 많았다.

오랜 세월
고생 많았던 내 육신과,
고달팠던 내 영혼에
늦었지만
슬며시 한마디 던진다.

"고맙다. 수고했다."

거울 앞에 선 시인은 인생에게 그래 '고맙다. 수고했다'하는 말을 남긴다. 그리고 늘 오늘을 위하라 말한다.

과거는 흘러갔다

과거의 상처로 현재를 망치지 마라
과거 없는 현재는 없으나

그렇다고
과거는 현재가 아니다

마음의 상처란
가슴 속에 그대로 두면
두고두고 고통스러운 것이기에

원망하는 마음도,
과거의 상처일랑
모두 과거의 시간으로 흘려보내고

오늘은
과거로부터
그대를 자유롭게 해방하라

자유로운 해방을 위해 시인은 살풀이를 한다. 죽음 자체가 살을 푸는 것이다. 시인의 살풀이는 진혼이다. 시인은 '**장맛비는 쉼 없이 내리고**'에서 '오송 지하차도 참사 젊은이들의 명복을 빌며' 진혼한다. 그리고 역사에 대해 진혼을 한다.

동백꽃은 바람에 날려

75년 전 그날도
오늘처럼 바람이 거세게 불고
동백꽃은 비처럼 떨어져
핏빛으로 뒹굴고 있었다.

떨어진 동백꽃은
공포에 떨며 서로를 부둥켜안은 채
붉은 눈물을 흘렸지.

그날의 거센 바람은
불의의 광풍이요.
피에 굶주린 광인의 바람이었다.

오늘처럼 바람이 부는 날이면
제주에는 동백꽃 핏빛 울음소리가
골짜기를 타고 이리저리 헤매어 다닌다.

상처받은 사랑은
사랑에 의해서 치유 받듯이
상처받은 원혼은
함께 목놓아 울어주어야 치유될 수 있나니.

잊지 않으리, 동백꽃!
잊지 않으리
1948년 4월 3일의 그 날을!

(2023. 4. 3)

시는 시인에게 산화공덕散花功德의 의미라 생각한다. 인생길에 인간은 모두 꽃처럼 핀다. 그래 시인은 인간이란 꽃을 고요하게 묵상하며 삶과 희망을 죽음이라는 그대를 빗대어 노래하지 않았나 생각한다.